30分で
読める！
予算作りの秘訣
がわかる！

すぐに解決！

予算作成

Fast Thinking
BUDGET

リチャード・テンプラー　有賀裕子
Richard Templar　*Yuko Aruga*

ダイヤモンド社

Fast Thinking Budget
by Richard Templar

Original English language edition published by Pearson Education Limited
Japanese translation rights arranged with Pearson Education Limited

はじめに

部門の予算を立てなくてはならない。けれど、どこから手を着ければよいのかさっぱり分からないまま、時計の針だけが進んでいく。

もしかしたら、昇進したばかりで、予算を立てるのはこれが初めてでしょうか。それとも、上司が病気で休んでいるため、お鉢が回ってきたのでしょうか？

どのような理由にせよ、あなたはプレッシャーのせいでここまで予算作りを先延ばしにしてきたわけです（姉妹編の『すぐに解決！ 段取り術』をご覧ください）。あっという間に日にちが過ぎて、いよいよ次の月曜日までには予算を作って誰かのデスクに届けなくてはなりません。ということは、残りわずか二日ほど。

この本のアドバイスに従えば、申し分のない予算を短時間で楽に仕上げられる。

さあ、どうしましょう？

「パニックに陥るに決まっている！」

いえいえ、そうではありません。この本のアドバイスに従えば、短時間で楽に予算を仕上げ、期限までに適切な人のもとに届けられます。

パニックに陥っていては、仕事ははかどりません。頭をフル回転させてはじめて、必要な作業をすべて終えられるのです。不可能だと思えるかもしれませんが、きっとできます。約束しましょう。

誰でも、山のような仕事を抱えていますし、予算作りは心躍る仕事ではないかもしれません。けれどこの本の助けがあれば、期限を守ることが可能になるばかりでなく、見栄えのよい充実した予算が作成できるのです。そのノウハウがここには詰まっています。

この本では、

▼予算とは何か

▼どのように作成するのか

▼必要な情報を集めるにはどうすればよいか

◆作成後は何をすべきか
◆予算が守られているかどうかは、どう確かめるのか
◆守られていないならどう手を打つべきか
◆次の予算作成に準備万端で臨むためにはどうすべきか

などを説明します。さっそく始めましょう。

今後はもっと早めに準備に取りかかった方がよいでしょうが、今のあなたはとにかく当面のことで頭がいっぱいですよね。つまり、あなたが必要としているのは、

◆予算をうまく取りまとめるためのヒント
◆最小の労力で最大の成果を上げる近道
◆予算に漏れがないかを確かめる仕上げのチェックリスト

でしょう。

……これらがすべて、シンプルに分かりやすくまとめられていたらよいですね。そしてもちろん、短時間に読めてすぐに消化できたら。そんな要望に応えるのがこの本です。

予算とは何か、どのように作成するのかがわかる。

❖——落ち着いて仕事をするには

この本は予算を——今あなたが取りかかろうとしている予算を——完成させ、関係者に配り、守っていくプロセスを、以下の六つのステップに沿って説明していきます。

ステップ1 まずは準備の指針として、目的を確かめなくてはならない。行き先が分からなければ、地図があっても役に立たないだろう。予算とは地図、目的は行き先と同じなのだ。

ステップ2 続いて、予算の種類を考える。予算と一口に言っても、キャッシュフロー予測、損益予算、各部門への予算配分など、中身はさまざま。部門内の予算ですら、会社ごとに、あるいは組織ごとに大きく性格が異なるのだ。

ステップ3 さて今度は、基本的な準備をする。情報を集める、昨年度の予算をどう決めたかを知る、何にいくら割り当てるかを決める、事業の好不調に合わせて金額を調整する、などだ。

ステップ4 いよいよ予算を作成する。予算表の各項目に金額を記入していき、合計を出すのだ。

ステップ5 予算が仕上がったら、それを誰に示すべきか、どのように説明すればよいかを考えよう。いかに予算を守るか、見通しとのズレが生じた場合はどう対処するかも、考えておかなくてはならない。つまり、予算をうまく活かすのだ。

ステップ6 最後に次回に備えて、時間の余裕を持って予算を立てる場合のアドバイスや、来年、さらにはその次の年以降も参考になりそうな《すぐに解決！》流ヒントをまとめておく。《一晩で予算を作成する方法》《一時間で予算を作成する方法》も紹介する。

少しだけ注意！

ですから、どうかパニックに陥らないでください。知っておくべきことはすべて、この本に書かれています。そしてそれ以上の情報までお教えします。

二〇世紀以降、経済学がどのように発展してきたか、その紆余曲折の歴史も、標準や分散などといった仰々しい統計用語のあれこれも、学ばなくて大丈夫です。

あなたはもう、必要なものを手にしています。無駄なものを読む余裕はもとより、息つく暇もないあなたには、必要最小限の内容をまとめたこの本一冊で十分。急いでいるのですから、今すぐにでも作業に入りたいでしょう。

けれど、少し待ってください。

予算づくりを大急ぎで進める前に、注意点をいくつか示しておきます。今回は、あえてそうしたのか、不注意やアクシデントによるのか分かりませんが、ギリギリまで予算を放っておきました。理想を言えば、もっと時間をかけるべきでしょう。

今回は仕方ありませんから、残された時間内で何とか予算を取りまとめるわけですが、大急ぎで仕事を片づけることには、次のようなデメリットもあります。

- **重要なデータをぜひとも手に入れたいが、あまりに期限が迫っているため、提供してもらえないかもしれない。あるいは、現実問題として不可能かもしれない。**
- **前回までの予算を手に入れて、目をとおすだけの時間がない。予算の標準様式を知らないまま作業をしたのでは、多くの時間や努力が無駄になるだろう。**
- **金額が正確かどうか、念入りにチェックするだけの余裕がないため、気づかないうちにミスをするおそれがある。**
- **ついつい近道を選んで、仮定に頼りすぎてしまうかもしれない。事実データと仮定はあくまでも別物なのだが。**

予算作成は、時間に余裕をもたせ準備を念入りにしよう。

●「内訳を示すように求められる可能性がある」ということを忘れて、いくつもの項目をひとまとめにするかもしれない。それはまずい。あやふやな箇所ほど質問を受けやすいのだ。これは皮肉だが、逃げようのない現実なのである。

●先を急ぐあまり、別の人のデータを鵜呑みにする。これもまずい。その人にはその人の目的があり、あなたの任務とは相反するかもしれないのだ。用心深くすべてを確かめた方がよい。

この本の《すぐに解決！》流に従えば、今回は間一髪で何とか予算を仕上げ、ほっと一息つけるかもしれません。ですが次回は、もっと時間に余裕を持たせて準備を念入りに。そうすれば予算作りを楽しく進められるでしょう。

ともあれ、さっそく仕事に取りかかりましょう！

fast thinking budget

すぐに解決!◉予算作成

目　次

1 何のために予算を立てるのか？

your objective

❖——地図を描く

あわてると誰でも、手当たり次第に作業をこなそうとするものです。けれどそれはダメ。しばらくは、いっさいの手を止めてください。何もせずに、ただ心を落ち着かせるのです。

少しのあいだ目を閉じて、目的について考えてください。

簡単なことでしょう？　違いますか？

「目的はこの厄介な予算づくりを終えて、月曜日の朝一番に上司の机の上に置いておくこと。そして仕事と収入と評判をつなぎ止めること」

なるほど。ずいぶん早く答えが出ましたね。

残念ですが、それは目的ではありません。まずは、予算とは何かを簡単に振り返っておく必要がありそうです。

あなたの仕事の一部である予算とは、そもそも何でしょう。

予算とは「地図」です。将来へたどり着くための地図。うまく活用すれば、あなたを宝の山へと導いてくれるかもしれません。

予算とは、これからの一二カ月間、あなたの部門がどのように活動していくかを予測したものです。もちろん、先をすべて見通せるわけではありませんが、できるかぎりの予測をしましょう。

これまでの豊富な経験をもとに、いくつかの前提を置けばよいでしょう。過去を土台にして、将来を見通すのです。あらかじめ予測しておけば、どのような出来事にもうまく対処できるはずですね。

▼**担当者が休暇を取っても、代わりの人材を手配する予算があれば、パニックに陥らずに済**

予算とは、あなたの部門がどのように活動していくかを予測したものだ。

む。

▼夏場に売上が落ち込んで、背筋が寒くなる!?　八月は傘の売れ行きが鈍ることを先読みして、予算に織り込んであれば、そんな心配もないだろう。

▼クリスマス・パーティを開かなくてはならないのに、そのための予算がない、という悪夢にうなされて汗だくで目覚める、などということもない。あらかじめ予算に組み込んでおけばよいのだ。

❖——予算の目的は何か

以上のように、予算とは将来への道しるべなのです。正確に整然とまとめ上げる必要があります。腕をふるって一生懸命に作れば、素晴らしい成果につながるでしょう。

けれど、目的は何でしょう?

何よりもまず、目的を具体的に表しておかなくては。「部門のこれから一二カ月の活動計画を立てる」だけでは十分ではありません。

これは実に幅広い内容ではありますが、果たしてセールス・コンファレンスはここに含まれるのでしょうか？　「含まれる」？　そうですか。ではクリップの購入費用は？　新しいコピー機は？　クリスマス商戦時期のスタッフ増員は？……。

目的はもう少し具体化できそうですね。

「部門のこれから一二カ月間の活動を、金銭の動きに着目して数字で示すこと」

すっかり目的らしくなりました。書き留めておきましょう。

❖――確実に守れる予算を立てる

予算はあくまで地に足の着いたものでなくてはいけません。そうでなければ、立てる意味がないでしょう。実情に合った予算を立てて、確実に守るべきなのです。

ひと月の販売数を一〇〇〇と設定したのなら、何としてもこの数を死守すべきでしょう。かりに心の奥底では「六〇〇がせいぜいだろう」と思っているなら、販売予定数にゲタを履かせても意味はありません。

もし、もっと奮起すれば一四〇〇近くは売れるだろうと見込んでいるのなら、それに合わせて予算を立てるべきです。

予算の目的は、部門の活動を金銭の動きに着目して数字で示すこと。

予算は、よりよい仕事をするための道具として使ってください。決して仕事の成果を妨げるような予算を作ってはいけないのです。

❖——やる気を引き出すために

予算は少なすぎても多すぎても、困りもの。

予算は一種の計画ですから、やる気の素となるはずです。あなただけでなく、予算作りを助けてくれるスタッフ全員のやる気を引き出すものでなくてはいけません。スタッフの助けがなければ、何もできませんよね（これについては第3章で詳しく述べますが、今は「目的は何か」を探るのに忙しいですから、第3章は後から読んでください）。

予算が少なすぎたり、多すぎたりしては、目的地とは違ったところにたどり着いてしまいます。「小さな違いなら構わないのでは」と思うかもしれませんが、それでは地名を書き換えることになりませんか？

現実に見合った、守れそうな内容であってはじめて、優れた予算だといえるのです。

賢く解決!

予算は何としても守ろう

少し背伸びしてやっと達成できるくらいの予算を立てよう。そして何としても守るのだ。

❖――予算作成のルール

さあこれで、目的がはっきりしました。現実に沿った予算を立てることも忘れないでください。

予算を立てるという作業には、これといって難しいところはありません。いくつかのルールを守りさえすれば、うまくいくはずです。

けれど少し工夫すれば、素晴らしい予算が作成できるばかりか、仕事をうまくこなし、いいところを周囲に見せられるでしょう。「どうすればいいのか知りたい」？ さっそくご説明しましょう。

予算はよりよい仕事をするための道具であって、妨げになるようにしてはいけない。

期間を区切る

予算の期間はまちまちです。ここでは、来年度の予算を立てると想定して、それを管理しやすい期間に区切ってください。

予算を立てても、年度全体の収入と支出だけしか分からないのでは、とても不便ですよね。ある月の売上が低迷しても、絶好調でも、そうと気づかないでしょうから、スタッフ数や生産量を調節することも、新しい情報をもとに対策を取ることもできないのです。

ですから、予算をできるだけ短い期間に区切ってください。月単位、あるいは週単位でしょうか。一日単位の予算を組むのは、あまり現実的ではないでしょう。

ここでは月単位の予算を立てると仮定しましょう。月単位なら予算作りも楽ですし、予算どおりに進んでいるかどうかもすぐに分かります。必要があれば、すかさず対策を取れますね。

何にどれだけ支出しているかをつかむ

以上で予算の目的を確かめ、どのような予算を立てるかを決めました（予算の期間などは、地域支社の幹部や上司から指定されていて、選ぶ余地はないかもしれませんが）。次は、どうすれば必要な情報をすべて集められるかを考えましょう。

どうかご心配なく。出発時点と比べるとずいぶんゴールに近づいています。

心の中で、金銭面に注目しながら部門の中を歩き回ってみましょう。特に以下の点に注意してください。

- **何に費用がかかっているか**
- **どの課や担当が多く支出しているか**
- **人材はどれだけいるか、必要なスタッフ数は何人か**
- **どのようなオフィス家具や備品があり、ほかに何が必要か**

どれもすぐに見当が付きましたよね？　では少し休憩を取りましょう。

管理しやすいように、できるだけ短く予算を区切ろう。

賢く解決！

帳尻が合えばよいとはかぎらない

合計が予算枠に収まればそれでよい……とはかぎらない。予算をオーバーした項目と、下回った項目があって、全体として帳尻が合っただけかもしれないのだ。どこかで誰かに気づかれ、困ったことになるおそれがある。

一歩先を行きたいあなたへ

予算を立てる前には必ず、静かな環境に身を置いて目的を真剣に考えよう。

予算は効果的に仕事をこなすための最強のツール。十分に時間をかけて練るのだ。今後は、土壇場になってからあわてふためいたりしないように。

現実に沿った予算を正直に立て、それを守るように努力するのだ（予算は少なすぎても多すぎてもいけない）。

次回からは今回の予算を参考にすればよいから、はるかに楽に作業が進むだろう。

2 どのような予算を立てるのか?

types of budget

やるべき作業はまだたくさんあるのに、時計の針が進み、貴重な時間を奪っていきます。さて、どのような予算を立てればよいのでしょう?　「予算は一種類に決まっている」と思うかもしれませんが、実はいくつもの種類があるのです。

❖——予算にはいくつもの種類がある

- 販売計画
- 生産計画
- 在庫計画
- 設備投資予算
- キャッシュフロー予測

現実に沿った予算を正直に立て、それを守る努力をするのだ。

▼損益予算（貸借対照表を含む）

▼仕入れ計画

▼資金計画

もちろん、これらすべてを「実行予算」としてひとまとめにしている場合もあるでしょう。何もかもを網羅する基本予算というわけです。

いずれにしても、何に着目して予算を立てるのかを決めなくてはなりません。サービス企業であれば、製造数や販売数などとは無縁でしょう。製造、販売などは行っていないのですから。

それでも人件費、キャッシュフロー、資金計画、設備投資などは関係があるでしょう。モノを作って売っている会社であれば、製造・販売数と損益予算の結び付いたものが、あなたの予算かもしれません。

◆――予算の種類――クイックガイド

これから、各種予算をひとつずつ説明していきます。そうすれば、あなたがどの予算を作成しようとしているかが分かるでしょう。

販売計画

とても簡単です。販売計画とは文字どおり、いくら（あるいは何個）製品を売るかという計画です。販売計画はさらにいくつかの種類に分けられます。

- **掛売り**
- **現金販売**
- **製品内容（例：サイズ別分類など）**
- **配送／引取り**
- **卸売り／小売り**

あなた自身が販売に携わっているなら、販売活動の内容が分かっていますから、どのような費用を予算化すべきか見通しがついているでしょう。

- **販売スタッフ**
- **配送スタッフ**

製造数、販売数、資金計画…何に着目して予算を立てるのか決める。

●仕入れ

●間接費

●運営経費

生産計画

これも実にシンプルです。生産については改めて説明するまでもないでしょう。

生産部門のマネジャーなら、何をいくつ生産するかが予算の中身となるはずですね。各月に何個生産して、そのためにどれだけ費用がかかるかを、記していくわけです。

在庫計画

在庫計画は、工場や店舗などに原材料や商品をどれだけ持っておくべきかを示したものです。

事業や商売によっては、季節ごとに売上が大きく変動する可能性があります。その場合には、在庫計画を立てておくことが欠かせないでしょう。

夏場は傘の売れ行きが落ちるのなら、夏の間、傘の在庫を抱え込んでおくよりも、その分の資金を銀行に預けて金利を稼いだ方がよいかもしれません。

設備投資予算

大きな買い物が必要になりそうなら、予算化しておかなくては。かりにコピー機が古くなったため、来年度は買い替えが必要だとしましょう。いつ買い替えますか? どこから費用を捻出しましょう?

こうした計画を立てておかないと、突然コピー機が動かなくなって、頭を抱え込むことになるかもしれません。

キャッシュフロー予測

必要な資金額は時期によって異なるでしょう。キャッシュフロー予測は、収入はいつが多く、いつが少ないかを予測して、それをもとにさまざまな判断を下し、効果的な事業計画を立てようというものです。

「販売計画」とは文字どおり、いくら(あるいは何個)製品を売るかという計画だ。

損益予算（貸借対照表を含む）

中古車を五〇〇ポンドで購入し、車検に五〇ポンド、シートカバーの張り替えに二五ポンドかかったとしましょう。その後、この車が六〇〇ポンドで売れて、差し引き二五ポンドとなりました。よかったですね。

では、あなたが費やした時間とガソリンの量を考えに入れるとどうなるでしょう？　あなたの人件費が一日あたり一〇〇ポンド、ガソリン代が五ポンドとすると、果たして利益は出たのでしょうか？

次に、あなたの部門が月に一〇台の自動車を仕入れて、それらを販売するとしましょう。この場合には、知らないうちに予想外の損失を被ることがないように（あるいは損失への備えをするために）、損益予算を立てておくべきです。

貸借対照表とはある時点での事業の現状を表すもので、いわばスナップショットのようなものです。

仕入れ計画

購買部門のマネジャーは仕入れ計画を立てなくてはなりません。いつ、どれだけの仕入れをすればよいかを考えるのです。難しくないですよね?

資金計画

あなたが資金調達担当のマネジャーなら、資金計画を立てるのが仕事でしょう。つまり、いつどれだけの資金が必要になるかを見きわめ、どのように調達、配分、活用するかを決めるのです。

それぞれの予算の種類について、ごく簡単にしか説明しませんでした。けれど、詳しく説明する余裕はありません。これは予算の解説書ではなく、予算を作成するための、それも今日にも完成させるための《すぐに解決!》流ガイドですから。

「在庫計画」は、工場や店舗などに原材料や商品をどれだけ持っておくべきかを示す。

賢く解決！

一口に予算と言っても実はいろいろある

予算はどれも特徴があり、様式もさまざま。「予算は一定の様式に従わなくてはいけない」などという思い込みは禁物だ。どの組織にもそれぞれ、予算についての流儀がある。知恵のあるマネジャーは、柔軟に仕事をする術を知っていて、自分なりに発想するものだ。

❖——あなたの予算はどのタイプ？

あなたの予算は、前記したタイプのどれかひとつに当てはまるかもしれませんし、いくつものタイプの性格を併せ持っているかもしれません。

理想を言えば、予算はシンプルで、備品などの購入費、人件費、間接費だけで構成されていればよいですね。収入と支出を示したものかもしれませんし、年間の支出だけを載せたものかもしれません。

予算枠を交渉する

必要だと思う金額を伝えると、上司は「それでよい」「もう少し削るように」などと返事をくれるでしょう。こちらが予算を立てたり、守ったりするのが得意で、その腕前を証明してみせれば、デキる人材と一目置かれ、必要な金額を出してもらえるでしょう。

逆に仕事ぶりがいい加減で、予算を管理できない、あるいはあえて金額を水増しするようなら、上司もそれを見込んで予算の切り詰めを要求してくるのではないでしょうか。

ですから、以下を心がけてください。

- **六人のスタッフが必要なら、正直に六人分の予算を積む。ゆとりを残すために「七人必要」などと申請しないように。**
- **計画と実績を毎月(あるいはそれ以上の頻度で)比べ、開きが生じていたらすぐに断固とした措置を取る。**
- **現実を見据えて正直に予算を立てる。**

予算は一定の様式に従わなくてはいけない、という思い込みは禁物だ。

▼事実データと仮定の混同を避け、仮定を設け過ぎないようにする（かりに経験に根差していたとしても、仮定はやはり仮定にすぎない）。仮定を積み重ねていくと、必ずといってよいほど結論を誤る。

▼必要なら予算をアップデートして、守りつづけよう。情報は使ってこそ価値がある。

❖——予算作成の事例紹介

部門の予算を立てるのはこれが初めて、という人は、どのような成果物が期待されているのかが分からず、おじけづいているかもしれません。そこで具体例を紹介しましょう。

簡単な事例

まずはとても簡単な事例から。「今年度」の項目を一二分割します（一二カ月分に分けます）。費用も細分化します。人件費はフルタイムの従業員とパートタイマーに、あるいはサービス担当者と販売担当者に小分けするのです。

部門がどのような費用を必要としているかを一番よく知っているのは、あなたでしょう。

予算を肉付けする

以下、予算の各項目を簡潔に説明していきます。

あなたの部門予算はこの事例とは似ていないかもしれません。そこで発想を広げ、必要と思われる支出項目をすべて表に書き入れて、予算を肉付けしていってください。

人件費

名前のとおりの内容です。部門は何人から構成されていますか? その人たちを雇うために、どれだけの費用がかかっているでしょう?

- **給与、賃金**
- **社用車**
- **社会保険**
- **福利厚生**

	昨年度	今年度	差額
人件費			
旅費・交通費			
消耗品費			
設備投資			
備品・什器費			
光熱費			
間接費			
保守・修繕費			
小口現金			
通信費			
飲食費			
合計			

●必要経費

●制服、作業着代

次の点を考えてみてください。

●来年度の必要人数は、今年度と比べて多いか少ないか?

●新しい人材を採用するか、それとも合理化を図るか?

●誰かを解雇することになるだろうか?

●臨時スタッフが必要な時期があるだろうか?

旅費・交通費

具体的には以下のとおりです。

●列車代

●飛行機代

●バス代

発想を広げ、必要と思われる支出項目をすべて表に書き入れ、予算を肉付けする。

▼ガソリン代

次のような点を考えてください。

▼出張や移動は多いだろうか？　それに伴う費用はいくらか？　季節や時期に応じて金額は増減するだろうか？

消耗品費

これは改めて説明するまでもないでしょう。プリント用紙や便箋をどれだけ使い、それにどれだけの費用がかかるでしょう？　切手代は？　ほかにも、次のような項目が含まれるでしょう。

▼封筒

▼コンピュータ関連の消耗品

▼便箋

▼請求書用紙

人件費では、来年度の必要人数から臨時スタッフまで考えよう。

- **ペン**
- **クリップ**
- **セロハンテープ**
- **付箋紙**

次のような点も考えてみてください。

- **用紙類の必要量は時期によって変動するだろうか? パンフレットを印刷すべきか? ダイレクトメール・キャンペーンは実施すべきか? 削減できる経費はあるだろうか?**

設備投資

設備投資は通常の予算に含めず、別枠で扱う場合もあるでしょう。しかしここでは予算にはどのようなものがあるか、一般論を扱い、何がどこに含まれるかという議論には踏み込みません。これについては、それぞれの会社の流儀に従ってください。

かりに自社のやり方が気に入らず、欠点があると思っても、やはり従わなくてはなりません。

話を設備投資に戻しましょう。これは機械、工場などを購入・維持していくための投資で、一度かぎりで使い切ってしまうものの購入とは違います。

●新年度は新しい工場、機械の購入は必要か？　更改すべきものはないか？　各設備の価値は適正に評価してあるか？

備品・什器費

たとえば、椅子や安価なコンピュータなどを指します。

「備品・什器」に何が含まれるかも、あなたの会社の流儀、あるいは経理部の考え方次第でしょう（経理部との付き合い方については、次の章で説明します）。

考えるべき点は以下のとおりです。

●来年度はどの什器を新調すべきか？　備品で更改するものはあるだろうか？

光熱費

暗くて寒い場所では仕事はできません。明るく暖かい環境を保つのには、費用がかかります。

そのお金はどこから出るのでしょうか。言うまでもなく、あなたの予算ですね。もしかしたら、本社から金額が割り当てられるため、あなたの方では光熱費を考える必要はないかもしれませんが、電気やガスの料金と使用量は知っておいて損はないでしょう。

部門の光熱費はいくらか？　何に光熱費がかかるのか？　節約できそうな部分はあるか？

間接費

間接費は「固定費」と呼ばれる場合もあります。間接費に含まれるのはビルの賃料、不動産購入ローン、機械類のリース費用、借地料などです。

あなたの力でこれらを増やしたり減らしたりするのは、無理かもしれません。そもそも今回は間接費は考えなくてよいかもしれませんし、本社から一定比率で割り振られるというケースもあるでしょう。本社から指示された金額を書き入れるだけで、なぜその金額が導き出されたのかまったく分からない、という場合もあるのでは。会社によってまちまち

予算に組み込まなくても、電気やガスの使用量や料金は知っていたい。

ですね。

●自分で金額を決められないとしても、各項目の金額を知っているだろうか?

●経理部から指定された金額の内訳は分かっているか?

保守・修繕費

機械は故障することもあります。故障のときには機械を修理しなければならず、修理費用が必要になるため、予算化しておくべきでしょう。

「何が故障するか、それを修理するのにいくらかかるか、いったいどうすれば分かるというんだ⁉」とお思いかもしれません。もっともです。おおまかな金額を予備として取っておけば、それで十分でしょう。年度末になれば、計画と実績の開きが分かりますから、それを次の予算に活かせますね。

●故障、損壊、機能停止などに陥る可能性のあるもの、あるいは寿命がくるものを何か見落としていないか?

小口現金

小口現金については、予算の対象外にした組織もあるかもしれません。

小口現金とは、急に牛乳が足りなくなった場合など、ちょっとした支出に備えた予備費のようなものです。本来それを予算化しておくのは誰の責任だったのでしょう。誰がミスをしたのでしょう。

いずれにしても、少額の現金が急に必要になったときのために、備えをしておきましょう。

通信費

通信機器の購入費や電話代も支払わなくてはなりません。回線を増やす必要があるなら、それも予算に盛り込んでおかなくては。

昼休みにオーストラリアの親戚に電話した社員を懲らしめる? 予算を使っているのだから? いえいえ、プライベートの電話代は予算に積んではいけません。

コンピュータを介した通信の費用も、忘れずにここに含めましょう。

前年度の計画と実績の差(「開き」「ズレ」)に着目し予算を組む。

●さまざまな種類の通信費をすべて盛り込んだか？　中央交換機の利用負担は見込んだか？

飲食費

オフィスのコーヒー代や会食費などを指します（コーヒー代は小口現金に含める場合もあるでしょう）。

ただし、出張先でお客様をもてなした場合には、その費用は旅費・交通費に分類されるかもしれません。ですから、それぞれの出費をどの費目にすべきか、事前に悩み過ぎてはいけないのです。予算を実際に書きはじめる頃までには、昨年度のコピーが手元に用意されているでしょう。そのうえ、さまざまな情報も手に入っているはずです（情報の集め方については、次の章で扱います）。

●以上のどの分類にも収まりきらない支出はあるだろうか？　何か忘れている項目はないだろうか？

会社や部門の、予算に関する流儀を理解しておこう。

賢く解決!

予算の大枠をつかむ

予算の最終行に注意を向けよう。文字どおりこれを実行するのだ。
枝葉に気を取られてはいけない。最終行の「合計」に注目すれば、予算の大枠はつかめる。

一歩先を行きたいあなたへ

部門のお金の出入りについて、くまなく知ろう。何に支出していて、それぞれにどれだけの費用がかかっているかを確実に押さえるのだ。
会社や部門の予算に関する流儀も理解しておこう。そして何か問題があったら、よりよい、あるいは、より使いやすいスタイルに変えてはどうだろう。

3

gathering information

関連情報を集めよう

先に進む前に、前章までの内容をいったん整理しておきましょう。

❖――前回の予算をチェックする

- 予算とは、部門の今後一二カ月間の活動を金銭の動きに着目して予想したものだ。
- 実績が計画を超えるのはもちろん、下回るのも好ましくない。
- 予算の作り方は組織によってまちまちだが、特定のやり方にとらわれて行き詰まるよりも、一般的な知識があった方がよい。柔軟な考え方を身につける必要がある。
- 細部を詰めるときは仮定を置きすぎないこと。
- 現実的に、正直に。

既存の予算をいつも見て、計画と実績をチェックしよう。

●どのような予算を立てても、それを正しいものとして受け入れなくてはいけない。
●予算は難しくない。売上予測や本社から与えられた予算枠をもとに、その金額を使って効果的に部門を運営し、大きな事業成果を上げるのだ。

それでは残りの課題を見ていきましょう。まずは前回の予算です。

新設の部門でないかぎり、過去にも予算を作っているでしょう。デキるマネジャーなら、既存の予算をいつも机の上に置いて、計画と実績の開きをチェックしながら、部門をよりよく運営するための財務情報を導き出してきたはずですね。

ですから、あなたはおそらく配属されたばかりで、誰かのピンチヒッターとしてしばらく代わりを務めているのか、昇進したばかりなのでしょう。過去の予算が手元になくても仕方ありません。

いずれにしても、ここでは前回の予算のコピーを手に入れることが先決です。

あなたの前任者は誰でしょうか。前任者に連絡はつきますか？　前任者の仕事場が今も残っていて、机の中を探す甲斐はあるでしょうか？　経理部に写しはないですか？　上司は持っていないでしょうか？　ぜひとも当たってみましょう。前回の予算が手元にないからといって、恥じることはありません。探す努力をすれば、むしろ仕事を適切に、効果的にこなしていると見られるでしょう。

まったくの新設部門ならいざ知らず、これまでの状況を知らずにきちんと予算を立てられる人などいないのです。ですから、何よりもまず既存の予算を手に入れてください。さあ、今すぐに！

手に入った!?　よかったですね。それでは、さっそく分析に取りかかりましょう。

以下の問いに答えながら、既存の予算を丹念に調べていってください。

- **予算を立てたのは誰か**
- **この予算はどの程度正確だったか**
- **改善の余地はあるか**
- **実績との開きが最も大きいのは、どの項目か**
- **この開きを縮めるにはどうすればよいか**

次にもう一度見直して、以下の点を確かめてください。

不要になった項目、不適切な項目はないか

見落としている項目はないか

賢く解決!

予算は強力な武器

有能なマネジャーは、予算をいつでも目の届くところに置いておく。部門を管理するための最強のツールだからだ。

予算がないのは、海図を持たずに海で漂流しているようなもの。これでは、本来いるべき場所までたどり着きようがない。

既存の予算と実績との開きが最も大きいのは、どの項目ですか。

前年度をベースにするのか、ゼロから立てるのか？

予算を立てるには、大きく分けて二つのやり方があります。前年度の予算をベースにするか、ゼロから立てるかです。

やり方が分かれるのは、以下のような理由からだと思われます。

▼前年度の予算をベースにすると、各項目の金額を変えるだけでよいため、手間がかからない。

ただし、

▼前年度の予算を立てて以降、部門に大きな変化があった場合、現在では不適切なデータ、誤解を招くデータを含んでいるおそれがある。このようなケースでは、新しい予算はゼロから立てた方がはるかに正確で、マネジャーとしての力量を示すのにもふさわしいだろう。

前回の予算はどうでしょう。前々年からの数字が残らずきちんと計算されていて、事業運営の歴史のようなものを見て取ることができますか。それとも、ゼロから作られたものでしょうか？

どちらにしても、今回はどの方法を用いるべきか、決めなくてはなりません。「とにかく急ぐ」というのなら、前回の予算をベースにして、時間を節約しましょう。基本的には、金額を改めるだけで済みますが、必要な項目を追加したり、不要な項目を削ったりするのを忘れないように、くれぐれも気をつけてください。


既存の予算が手に入らなかったら？


その場合は、昨年度の帳簿を探さなくてはなりません。いずれにしても、予算と突き合わせるために帳簿は必要になりますね。帳簿を手に入れれば、既存の予算の代わりとして、同じように利用すればよいのです。

かりに予算も帳簿も手に入らなかった場合は、虎の巻なしで乗り切るほかありません。部門内をくまなく見て回り、何にお金が使われたのかを調べましょう。

ですが、基準にするものが何もないのに予算を立てるように命じられる、などということはまずないはずです。そんなことがあったら、現実離れしていておかしいですし、愚の

既存の予算の代わりとして帳簿を手に入れれば、同じように利用できる。

骨頂でしょう。

適任者を見つけて協力を求める

既存の予算が手に入ったら、以下のポイントを確かめなくてはなりません。

- **昨年度の予算総額はいくらだったか**
- **昨年度と現在の人員数は何人か**
- **人件費はいくらか**
- **人件費以外で、今後一年間の最も大きな支出は何か**

答えは、予算そのものから引き出せるかもしれませんし、部門についての知識が役立つかもしれません。中には、別の情報源に当たるべきものもあるでしょう。そう、経理部に尋ねるのです（正解。すぐに分かりましたね）。

それでは、経理部にはどのように頼めばよいでしょう?

電話をかけて質問する？　それでは目的は達せられないかも……。

質問を手に立ち上がって、自分で出向きましょう。電話をかけるよりも、じかに会って頼んだ方が、断られるリスクははるかに低いのです。

経理部に着いたら、必要な情報をもらえないか丁寧に頼みます。「お願いがありまして」「とても感謝します」といった言葉づかい、「お忙しいなか、本当に申し訳ないのですが」といったフレーズが役に立つでしょう。

他の部門も同じように予算を立てているでしょうから、その点もお忘れなく。他の部門も最近、似たような情報を求めたかもしれませんし、予算難の部門から次々と頼みごとが寄せられているかもしれないのです。

どの部門よりも丁寧にふるまったり、他とは違った姿勢を見せたりして、相手の注意を引くように心がけてください。場合によっては昼休みに何かおごる、小さなプレゼントをする、というのも効果的ではないでしょうか。

人件費以外で、今後一年間で最も大きな支出は何か確かめる。

すぐに解決!

一五%上乗せ法

予算案を作成する際に、前回の予算をもとにしてすべての金額を一五%増しにする、という方法もある。これは実際の支出を予想したものでも、あるべき予算を示したものでもないし、実現可能ともかぎらない。

しかし、どうしても時間がない場合には、急場しのぎにはなる。いったんこうしておいて、少しでも時間が空いたときに、手直しをしてはどうだろう。

丁寧に心を込めて頼もう

予算を仕上げるために誰かから情報をもらいたい場合には、自分で出向いて、誠意を持って頭を下げよう。

「どうかお願いします」「感謝します」といった言葉を使って、要求ではなく頼みごとだということをはっきりさせるのだ。

電話を有効活用しよう

予算を作成中なのは自分の部門だけではないと気づいたら、他の部門のマネジャーに積極的に電話をかけて話し合いましょう。どのような課題を抱えているか、自分の知らない情報を相手が持っていないかなどを探るのです。

もしかすると、本社から残業時間を制限するという指示が出ていたのを見落としていた、と気づくかもしれません。あるいは、購入を考えていた新型コピー機の価格が、いつの間にか二倍に跳ね上がっているかも……。情報交換には意味がありそうですね。

さて、支出項目のリストに戻りましょう。

一番支出が多いのはどの項目か、調べてください。うまくすればこの作業は、経理部が人件費を調べてくれている間に片づくかもしれません。何に最もコストがかかるでしょうか。コンピュータの消耗品でしょうか。文房具、それとも通信費でしょうか。

何にせよ、部門内にはその件の担当者、あるいは何らかの形で管理している人がいるはずです。その人のところへ行って、詳しく話を聞きましょう。コミュニケーションを図るのです。意見の一致と協力があってこそ、効果的な予算作りが実現します。上司という立場を振りかざして命令しても、うまくいくとはかぎりません。

これから二〇分ほどかけて、〃金食い虫〃が何かをせっせと見て回り、その担当者に話

効果的な予算づくりは、意見の一致と協力のうえに成り立つ。

を聞いてください。意見、感想、アドバイスなどを求めるのです。意見をすべて取り入れる必要はないですが、聞くまで気づかなかった有益なヒントや助言が得られるかもしれません。

これで一息つけそうです。

情報収集に協力を取り付け、他部門のマネジャーと情報交換をし、スタッフにも話を聞いて、そのうえ休憩まで取れました。

ただしこの間に、情報収集についての有益なヒントを頭に入れておいた方がよさそうです。

ぜひ覚えておいていただきたいのですが、誰もがみな親切だったり、好意的だったり、協力的だったりするとはかぎりません。もしかしたら、あなたを陥れようとしている人がいるかもしれないのです。

情報はすべて歓迎するにしても、正確かどうかは必ず確かめましょう。

情報を出し渋りする人もいるかもしれません。あなたが失敗する姿、思うような成果を上げられずに落胆する姿を見たいのでしょうか……。

情報はすべて歓迎するとしても、正確かどうかは必ず確かめよう。

情報を求める際には、必ず相手と顔を合わせるように心がけてください。顔を合わせれば、裏切りに遭う可能性はグッと小さくなります。謙虚さと丁寧さも忘れずに。

担当者に話を聞くときに心に留めておくべきなのは、相手なりの意図があって、多めの予算を請求しているかもしれない、という点です。自分たちの仕事を楽にしよう、あるいは、実際の支出が予算を超えないようにしよう、との狙いがあるのかもしれません（後者は、担当者は良いことだと思っているかもしれませんが、もうお分かりのように、それは間違いです）。

もうひとつ覚えておいてください。担当者のなかには、いつも無理難題を突き付けてきたり、法外な額を要求してきたりする人がいるものです。微笑みながらうなずいて、「分かった」というような素振りを見せながらその場を後にして、やるべき仕事に注意を振り向けましょう。

すぐに解決！

情報を集めるなら適任者に当たろう

支出について情報を集める際には、項目ごとに適任者を訪ねよう。たとえば文房具の支出を管理している人なら、支払い総額や価格の動向などについても知っているだろう。

上司をよく知ろう

以上で情報が集まりました。有益なデータがある程度集まったところで、今度はそれを誰にどのように示すべきか、知恵を絞ることになります。

大切なのは、何を知っているかよりもむしろ、誰を知っているかです。あなたは上司をどれだけ理解していますか？

それを考えるうえでは、以下の質問が役に立つでしょう。

▼細部にこだわるタイプか？

- 木よりも森を見る方か？
- 創意工夫を得意とするか、それとも会計の素養があるか？
- 交渉の余地はどれだけあるだろうか？
- 力になってくれそうか、それとも足を引っ張られそうか？
- 難題の原因になるだろうか、それとも解決策を示してくれるか？

予算の作成に取りかかるためには、上司の性格をつかむべきです。細部まで詰めるべきか、ある程度おおまかでも構わないのか、知っておく必要があるのです。

上司は、コンピュータの消耗品について、印刷用紙、レーザーカートリッジ、フロッピーディスクなど、品目別のリストをもとに逐一知りたいというかもしれません。あるいは、おおよその総額が分かればよいという人もいるでしょう。

わたしが初めて予算を作成したときには、出来栄えが見事だったので（手前味噌ですが）、質問を受けたのは「電球の購入費はどの項目に含まれているのか？」という一点だけでした。それが上司のこだわりだったのです。

予算の作成に取りかかるためには、上司の性格をつかむことも必要。

上司が何を期待しているかが分かっていれば、無駄な残業をせずに済みますし、後からあわてて説明を付け加えるなどということもずいぶん減るでしょう。

そろそろ予算を詰める準備が整ったようです。それでは、電卓を手に開始に備えましょう。


賢く解決！

〝敵〟を知る

上司の使命は、支出を抑えること。あなたの使命は、部門を円滑に運営すること。この二つは両立するとはかぎらない。

そこで、どうすれば自分の考え方を上司に納得してもらえるか、知恵を絞る必要がある。お互いの利益を守らなければならないのだ。

そのためには、相手を知るしかない。上司を味方とみなして、本音で相談しよう。

予算会議の前に必要な情報をそろえ、メモにしておこう。

すぐに解決！

予算会議に出席するときの心得

予算会議には、今取り組んでいる予算を説明するために呼ばれるのだから、必要な情報を事前にそろえて、メモに整然と読みやすくまとめておこう。

こうしておけば、何か質問を受けても、情報を探すために紙の山をひっくり返さずに済む。手元に情報があると分かっているからだ。

また、「あとで調べます」と言い訳をして恥をかくこともなくなるはずだ。

情報の集め方・総まとめ

必要な情報は、早めにキーパーソンに求めよう。そうすれば、相手も時間的なゆとりを持てるため、こちらの望みどおりに協力してくれるだろう。

前回の予算の写しを手に入れて、必要な修正がなされているかを確かめよう。

そして何を期待されているのか、どの程度まで詳しい報告が必要なのか、正確につかんでおこう。

4 いよいよ予算を詰める

filling it in

❖――予算作成のルール

前章までで、予算の目的と種類を押さえ、必要な情報を残らず集めました。あとは、詳しい予算作りをするだけです。上着を脱いで腕まくりをして、さっそく取りかかりましょう。

でも、少しだけ待ってください。あらかじめ理解しておくべきルールがいくつかあります。

▼予算を攻撃や守りのために使わず、あくまでも仕事のツールとして活かす。

▼楽をしたいからといって、予算を言い訳にスタッフを増やしてはいけない。

●必要がないと分かっているヒトやモノに予算を割り当てない。

●どうしても時間がない場合をのぞいては、前年度の予算に一定比率を上乗せするという手段は避ける。状況が大きく変われば、すぐに役に立たなくなるだろう。

●支出を予算内に収めた実績を作りたいからといって、予算額をわざと多めに積んではいけない。

●次年度以降に削減されるかもしれないという理由で予算を水増ししない。

●楽観的にならず、現実を踏まえた予算づくりを心がける。

❖――一次作業

白紙を一枚用意してください。これからちょっとした作業を行います。部門の支出項目を、思いつくかぎり書き出すのです。

前回の予算を見てみましょう。何に支出していますか。そして、前回の予算を作成して以降、どのような変化が起きているでしょうか。各項目のコストは増えていますか。それとも減っていますか。

支出を予算内に収めた実績作りのために、予算額をわざと多めに積んではいけない。

支出項目をリストアップして、前回よりも優先順位が上がったと思うものにはプラス（＋）を、下がったと思うものにはマイナス（－）を書き加えましょう。

たとえば、昨年は六人だったスタッフ数が、今年は八人に増えたことが分かっているとします。この場合は、「人件費」の横に「＋」を記入するのです。これで人件費の増加がはっきりしました。

では、旅費・交通費はどうでしょうか。昨年は全員がかなり頻繁に出張したかもしれませんが、現在ではほとんどが電話会議に切り替わりました。旅費・交通費が減る傾向にあると考えるなら、「旅費・交通費」の横に「－」を記入しましょう。ただし、電話会議が増えると電話代がかさむことが考えられますから、「通信費」の脇には「＋」が必要かもしれません。これも忘れないように。

さあ、この調子で進みましょう。すでに人件費を経理部に確かめて、予算を肉付けする用意は整っているはずです。

支出項目のリストが出来上がったら、今度は各項目を、あなたの力で調整できるものとそうでないもの（変動費と固定費）とに分けましょう。固定費は一般に、本社や上司によって金額が決められます。他方、変動費は、あなたの裁量で予算を立てることができ、ある程度コントロールが利くのです。

賢く解決!

時間の「予算」を立てよう

デキるマネジャーは、お金の予算だけでなく、時間そのほかの資源についても使い方を考えるものだ。

スタッフと過ごす時間は、たとえわずかでも、使い方次第ではとても有益なはず。そのための時間を取っておこう。

仮定は禁物

前回の予算を、頭から正しいと決め付けてはいけない。見落としがないか、余計なものが含まれていないか、必ず考えてみるのだ。

こうしてよりよい予算を作成すれば、頭角を現せるかもしれない。チャンスだ!

変動費は、あなたの裁量である程度コントロールが利く。

すぐに解決！

表計算ソフトを活用しよう

パソコンには表計算ソフトがインストールされていることが多い。それを使ってみよう。数字を入力して合計を計算し、結果を書類に書き込めばよい。表計算ソフトを使いこなせば、予算の修正も簡単だ。数字を一カ所変えただけで、合計などがすべて自動更新されるように設定しておくこともできる。時間を大きく節約できるのだ。

賢く解決！

隠れた費用に注意

あらゆる項目について、見えにくい費用、つまり隠れた費用がないか考えてみよう。費用は必ずしも目に見えるとはかぎらない。

従業員に支払う基本給の額は知っているかもしれない。だが、社会保険料はどうだろう。疾病手当は？　休暇関連の費用は？　年金は？

このような問題があるから、経理部とのパイプが大切になる。彼らの助けがなければ、大きなミスをしかねないのだ。

隠れた費用はないだろうか。費用は必ずしも目に見えるとはかぎらない。

❖——固定費と変動費に分ける

費用を固定費と変動費に分けましょう。

固定費はたいてい、一二カ月間に均等に配分しますが、変動費は違います。変動費の各項目については、季節その他に応じて金額が増減しないかどうか確かめましょう。増減する場合には、月ごとの予算額を変えなくてはなりません。

たとえば一二月はクリスマス商戦に備えて、スタッフの増員が求められるかもしれません。あるいは、春先にパンフレットの発送数が増えるのなら、その分を見込んで予算額を上積みしましょう。秋には年次の販売会議が開かれるため、各種の支出が増えることが考えられます。

ここまでのところ、支出項目すべてを固定費、変動費のどちらかに分類して、項目名の脇には前回予算との比較を示す「+」「−」を記入してありますね。見落としやすい〝隠れ予算〟についても、注意書きをしてあるでしょう。

次は、年間予算の下書きをします。各月ひとつ、合計一二の欄を設けて、各費用を一二カ月間にどう割り振るかを考えながら、マス目を埋めていきましょう。

細かく予算を立てるべきか、ある程度大雑把でも構わないかは、もう分かっていますね。場合によっては、複数の小項目をひとまとめにしてもよいでしょう。ただし質問されたら、納得のいく説明ができなくてはいけません。

考えに入れておくべき点はほかにもあります。

❖――金額はどこまで厳密にすべきか

予算全体として、どこまで厳密に金額を示すか、基準をそろえておく必要があるでしょう。端数の切り上げや切り捨てがどこまで許されるかによって、基準は決まります。

たとえば、あなたが年間五万六〇〇〇ポンドを稼いでいて、それに社会保険料と車両費を加えると、計八万五三九六ポンド一五ペンスになるとしましょう。この合計額をそのまま予算として扱いますか？　それはやめた方がよさそうです。細かすぎて扱いにくいからです。

会社や部門の基準に応じて、合計額を切り上げたり、切り捨てたりしましょう。夜なべしてまで厳密さを追い求めるのは、時間と労力ばかりかかって割に合いません。右の事例では、年間収入を切り上げて八万五四〇〇ポンドとした方が、すっきりとして分かりやすいですね。

一般に、基準には以下のようなものがあります。

●一〇〇ポンド未満は四捨五入する。五〇ポンド以上は一〇〇ポンドに切り上げ、五〇ポンド未満は切り捨ててゼロとする（例：五七ポンド九五ペンスも一一二ポンド五六ペンスも、一〇〇ポンドになる）。

●一〇〇〇ポンド未満は四捨五入する（例：八七九ポンド一五ペンスは一〇〇〇ポンド、二三九一ポンド二二ペンスは二〇〇〇ポンド）。

業界の基準を調べて、その基準を使ってもよいでしょう。

会社や部門の基準に応じて、合計額を切り上げたり、切り捨てたりしよう。

❖——周囲の協力を得る

予算は、財務諸表と同じように、大勢の協力があってはじめて完成します。そのことを念頭に置きながら、作業を進めてください。正確で優れた予算を立てるには、周囲の助けが欠かせないのです。

以下、予算作成の助けになる人、部署などについて、どのような目的で協力を得るべきかを紹介していきます。最も身近なところから見ていきましょう。

配下のスタッフ

あなたのもとで働く人々です。彼ら彼女らの経験やアイデアを活かしましょう。思いもよらなかった発想が飛び出すかもしれません。

スタッフはともに仕事をする仲間でもありますから、一緒に目標を設定して、予算遵守への協力も取り付けましょう。

上司

上司には目標を尋ねましょう。その際には、言葉だけではなく、その裏にある意図を読み取ってください。秘めた意図がきっとあるはずです。

上司とコミュニケーションを取りながら、二人三脚で予算の合意にこぎつけましょう。

同僚

同僚には、どのように予算を立てているか聞いてみましょう。あなたの知らない情報が飛び出してくる可能性があります。それに、貴重な経験やアイデアを持っているかもしれません。

こちらからもサポートと励ましをするとともに（同じチームの仲間ですよね？）、この本を（借りるのではなく）買うように勧めてみてはどうでしょう。

経理部

経理部はちょっとした難物です。何を隠そう、わたしもかつて経理部のマネジャーでしたから、内情や評判（評判の多くはもっともな内容です）は分かっています。

したがって、用心しながら腰の低いアプローチを心がけてください。経理部からは、以下のような情報を手に入れましょう。

- **給与情報**
- **帳簿**
- **表計算テンプレート**
- **損益情報**
- **資産台帳（価値ある資産の全リスト）**
- **発生主義を採用するかどうか、減価償却の方法をどうするかなど、主な会計方針**
- **部門の財務状況**

人事部

経理部ほど敷居は高くありませんが、やはり厄介な相手です。
腰の低い態度を心がけ、次のような情報を手に入れましょう。

●給与等級や給与額など
●ボーナス制度の詳細
●年金負担額
●物価上昇への対応方針や昇進制度
●採用数の見通し

その他

マーケティング部門から、売上レポート、市場動向・予測、販売キャンペーンの計画などの情報を得るのもよいでしょう。同業者に探りを入れるのもお忘れなく。業界慣行の変化など、役立つ情報をキャッチしているかもしれません。新聞（業界紙）を読み、業界の動きには絶えずアンテナを張っておきましょう。

予算は財務諸表と同じように、大勢の協力があって完成する。

❖——ゴールを設定しよう

この本は「目的」から出発しました。予算の目的を確かめたのです。

あなたのもとで働く人々を、この目的を確かめるというプロセスに巻き込んではどうでしょう。「目的」と呼ばずに、単に「ゴール」としてもよいでしょう。各人のゴールを決めて、予算作りのための情報収集や、支出状況の把握に努めてもらってください。

これであなたは何人もの右腕を得たことになり、みなが一丸となってあなたと予算を支えてくれるのです。みなの参加を促すと、各人が予算の世話をしてくれます。予算はもうあなただけでなく、スタッフ全員の赤ん坊でもあるのですから。

干渉は控えて、できるだけ当人たちの自主性に任せましょう。そうすればみな、我先にと予算の分担管理に乗り出すでしょう。各人が、自分の配下のスタッフにもゴール設定を促し、さらにその人たちが配下の部下に……ということを重ねていくと、まるでピラミッドのように、全員が予算達成のために働きはじめます。アリの集落みたいですね。

周囲を巻き込めば、大勢の人が予算を気にかけてくれるようになる。

◆――カレンダーを念頭に置く

一年は一二カ月ですが、月によって長さはまちまちです。二月は短め、八月は長めです。こうした点も考えに入れておくべきでしょう。祝祭日、夏休み、冬休みなども忘れてはいけません。

予算関連のスケジュール表を用意して、スタッフの勤務時間と支払い対象時間を確認できるようにしておきましょう。残業代や時給の上乗せなどの影響も見落とさないように。

予算の期間も組織によってまちまちです。一二カ月単位に予算を作成する場合もあれば、四半期ごとに分けることもあるでしょう。あるいは、五二週単位という例もありえます。季節変動の大きな事業では、一年を上期・下期に分けて、六カ月を基本単位としているかもしれません。

期間の決め方に優劣はありません。それぞれ異なったニーズに合わせているのです。自部門の予算期間を確かめて、それに沿って予算づくりを進めましょう。

賢く解決!

率先して動こう

「予算を立てるように」と命じられてから腰を上げるようでは、デキるマネジャーとはいえない。何カ月も前に自分から動きはじめるのだ。

上司のもとへ行って、必要な材料をもらおう。前回の予算や、ガイドライン、具体的な目標、日程、部門の概要や沿革、事業拡大計画、人員プランなどだ。資料は天からは降ってこない。こちらから求めるのだ。

❖——二次作業

さあ、ここで手を休めて、予算の素案が出来上がった喜びに浸りましょう。よかったですね。

次に、予算の総額を出します。部門を運営するにはどれだけ費用がかかるかを知って、ゾッとするかもしれません。前回予算と比べてどうでしょう。全体的に増加していませんか。

これだけの金額を、どうやって正当化しましょう。どうやって要求しましょう。大丈夫、このまま要求したりはしません。これはあくまでも素案。スリム化の必要があります。

予算をスリム化しよう

まず、削減できそうな項目がないか探します。つまり、予算を削っても効率や生産性が損なわれない分野です。

予算の素案を持って、信頼できて気心の知れた上役のうち、最も目上の人のところへ行きましょう。そして、素案を見せて、スリム化して構わない分野がないか聞いてみるのです。

相手もいずれ、あなたと同じくらい深く予算に関わることになるわけですから、その意見は有益です。見落としがないかも尋ねましょう。

一〇分かけてこれを行うだけでも役に立ちます。往々にして、見過ごしを指摘してもら

予算の素案が出来上がったら、スリム化する必要がある。

えますから。

終わったら自分のデスクに戻りましょう。これでもう、予算とは何か、これからどのような作業をすればよいか、よく分かったはずです。カット、カット！　余分な支出はすべてそぎ落としましょう。

理想は、実情を反映していて、予算会議を一回で通過するような予算を作ることです。これほど頑張っているのに、「努力は買うが、やり直しを」などというメモとともに予算案が戻ってきたら、空しいものです（そんなメモ、誰だって嫌ですよね）。無駄を削ったら、もう一度合計額を算出しましょう。「これなら何とかなりそうだ」という金額になっているはずです。

月別の合計額についても、帳尻が合っているかどうか確かめましょう。


賢く解決！

全体像をとらえる

気の利いたマネジャーなら、自分の予算が全体のほんの一部にすぎないことを心得ている。各部

> 門の予算は事業部ごとにまとめられ、さらに全社予算に組み込まれるのだ。
> 今作っている予算は必要ではあるが、全体ではなくあくまでも部分にすぎない。それが分かっていれば、修正にも楽な気持ちで臨めるだろう。

二次作業が終わったら、今度は細部の詰めに本腰を入れます。ただし、詳しすぎる予算は無用の長物だという点を忘れずに。

- **不要な項目がないか（前回予算のなごりで、実際にはもう必要のない項目があるかもしれない）**
- **〝隠れ費用〟は残らず押さえたか**
- **念のため、他の人が出してきた数字の裏付けを取ったか**
- **みなのやる気を引き出す予算になっているか**
- **目的に沿っているか**
- **実情に合った正直な予算といえるか**

詳しすぎる予算は無用の長物だ、という点を忘れずに！

以上を確かめたら、もう一度軽く休憩をして、その後にいよいよ仕上げに入りましょう。正しく作成してあれば、あなたの予算案もこのページの表に似ているはずです。

かりに、あなたが消防署の部門長だとしましょう。命令を受けて出動するのが仕事ですから、売上はありませんが、人件費や間接費、運営費はかかります。

もちろんここに挙げたのは、とても単純化した予算例です。あなたの予算は、これよりはるかに複雑かもしれません。

けれど、概略をつかむにはこれで十分でしょう。表の内部にいくつか「＊」がつけてありますが、これは注釈があることを示す印で、上司の消防署長など、あなた以外の人が予算を見る際に中身を理解しやすくするためのものです。

予算の体裁については次章で説明するとして、ここでは注釈のつけ方だけ見ておきましょう。

他の人が出してきた数字の裏付けを取りましたか?

	固定費			変動費						
	オフィス賃料	保険料	租税公課	人件費	光熱費**	飲食費	保守・修繕費	業務管理費	設備投資****	合計
1月	1000	150	200	27000	4000	10000	550	450	25000	68350
2月	1000	150	200	27000	4000	10000	550	450	25000	68350
3月	1000	150	200	27000	3000	10000	550	450	25000	67350
4月	1000	150	200	27000	3000	10000	550	450	25000	67350
5月	1000	150	200	27000	2500	10000	550	450	25000	66850
6月	1000	150	200	27000	2500	10000	550	450	25000	66850
7月	1000	150	200	27000	2500	10000	550	450	25000	66850
8月	1000	150	200	27000	2500	10000	550	450	25000	66850
9月	1000	150	200	27000	3000	10000	550	450	25000	67350
10月	1000	150	200	27000	3000	10000	550	450	25000	67350
11月	1000	150	200	* 35000	3500	*** 12500	550	450	25000	78350
12月	1000	150	200	27000	4000	10000	550	450	25000	68350
合計	12000	1800	2400	332000	37500	122500	6600	5400	300000	820200 820200

*　人件費は一一月、地域イベント対応のために増加。
**　光熱費は年間をとおして、季節による調整をする。夏場は少なめ。
***　飲食費は一一月、スタッフの増員に合わせて上乗せ。
****　新しい消火設備を購入。

右の例は当然、何らかの形であなたの予算に応用できます。

一例として、設備投資は本社や上司が割り振りを行い、あなたの部門への配分はないかもしれませんが、交渉の余地はあるはずですね。

一見して、表の右下の欄が目に留まるでしょう。この欄には、同じ金額が二つ並んでいなくてはいけません。各月の合計額の総和と、各項目の合計額の総和です。この二つは常に一致している必要があります。一致しないなら、どこかで計算を間違えたのでしょう。

以上で、毎月何にいくら費やしているかが分かりました。

予算作成はさらに簡略化、スピードアップを図ることができるかもしれません。けれど、時間が押しているうえに、これからまだ、体裁をどうするか、定期的に中身を更新するにはどうすればよいか、といったテーマを見ていかなくてはならないのです。

次章を読みとおす時間がないなら、体裁、つまりうまい説明の仕方についての項を少しだけでも読んでみてください。誤差が生じても、修正するまでには多少の猶予がありますが、予算を提示して何か質問を受けたら、すぐに答えなくてはなりません。ですから、体裁についての項にざっとでも目をとおしておくようお勧めします。

一歩先を行きたいあなたへ

上司による予算吟味に備えよう。そう、これは避けてとおれないのだ。

予算は、正確な会計情報が届くつど、それに合わせて更新しなくてはならない。予算の中身については十分に理解して、見直しを怠らないこと。予算がまだ通用するか、それとも実情に合わなくなってしまったかも、見極めなくてはならない。

これは、上司とともにコーヒーを飲みながら、互いを尊重して和やかな雰囲気で行うのが理想だ。だが時として、コーヒーも互いの尊重もどこかへ行ってしまい、怒鳴り声が飛び交うケースもある。

準備万端で臨めば、怒鳴り合いは避けられるだろう。上司に呼ばれる前に、以下の項目をチェックして、予算内容を十分に説明できるようにしておこう。


各月の合計額の総和と、各項目の合計額の総和は常に一致しなくてはいけない。

□どこにも矛盾はない
□正確である
□出来るかぎり切り詰めた
□裏付けの取れていないデータがある
□仮定に基づく仮定が含まれている
□口ごもる、同じ内容を何度も繰り返す、脱線する、といった失敗に陥らずに、すらすらと説明できる

模範回答：YES、YES、YES、NO、NO、YES

5 予算を磨く

updating the budget

❖──洗練された予算に仕上げる

ゴールにかなり近づいてきました。

これからは、予算に少しだけ手を加えて、完成案に磨き上げる作業が待っています。予算表に、欄を二つほど付け加えましょう。まず、下段の合計欄の下に新しい欄を作って、昨年度の実績を書き込みます。冴えたところを見せたいのなら、欄を増やして、実績欄を設けるのです。

次に、さらに欄を加えて、昨年度と比べた増減率を「+」「−」の記号付きで記入します。おおよそ、具体例のような見栄えになるはずです（A4用紙に収めるには、縦置きで印刷する必要があるかもしれません）。

冴えたところを見せたいのなら、予算表に計画と実績の項目を設けよう。

	固定費			変動費							
	オフィス賃料	保険料	租税公課	人件費	光熱費**	飲食費	保守・修繕費	業務管理費	設備投資****		合計
1月	1000	150	200	27000	4000	10000	550	450	25000		68350
2月	1000	150	200	27000	4000	10000	550	450	25000		68350
3月	1000	150	200	27000	3000	10000	550	450	25000		67350
4月	1000	150	200	27000	3000	10000	550	450	25000		67350
5月	1000	150	200	27000	2500	10000	550	450	25000		66850
6月	1000	150	200	27000	2500	10000	550	450	25000		66850
7月	1000	150	200	27000	2500	10000	550	450	25000		66850
8月	1000	150	200	27000	2500	10000	550	450	25000		66850
9月	1000	150	200	27000	3000	10000	550	450	25000		67350
10月	1000	150	200	27000	3000	10000	550	450	25000		67350
11月	1000	150	200	35000*	3500	12500***	550	450	25000		78350
12月	1000	150	200	27000	4000	10000	550	450	25000		68350
合計	12000	1800	2400	332000	37500	122500	6600	5400	300000	820200	820200
昨年度の実績	9000	1500	2200	285000	36000	135000 [1]	6000	6700 [2]	270000 [3]	751400	
増減率	+33.3%	+20%	+9.1%	+16.5%	+4.16%	−9.25%	+10%	−19.40%	+11.11%	+9.16%	

1　ケータリング業者との契約条件見直しによって、飲食費を抑制。
2　業務管理費が減ったのは、通信サービスの変更による。
3　インフレと仕入れ値上昇の影響によって増加。

さあ、これで洗練された予算になりました。

予算額は一二カ月に割り振られ、固定費・変動費に分類されています。昨年度の数字も盛り込まれ、増減率が記載されています。合計額も計算済み。計算も合っています。

では、予算の中身はしばらく脇に置いて、今度はプレゼンテーションの仕方を見ていきましょう。

すぐに解決！

増減率の求め方

昨年度からの増減率を求めるのに、とても簡単な方法がある。こうすればよい。

まず、電卓に今年の数字を入力する。そこから昨年の数字を引く。それを昨年の数字で割ったあと、「%」ボタンを押す。ほら簡単。

ちょっとした例題を解いてみよう。

昨年、制服代として一二〇〇ポンドを割り当てた。今年の予算は一五〇〇ポンド。すると、一五〇〇－一二〇〇＝三〇〇、これを一二〇〇で割って、「%」ボタンを押す。答えは二五%。

注釈は最小限にとどめ、一ページ以内に収める。

代わりの方法として、今年の数字から昨年の数字を引いて、それを昨年の額で割り、一〇〇をかけてもよい。結果は同じだ。

電卓を持ち歩いて、どのような増減率でも算出できるようにしておこう。その姿は、切れ者そのもの。素晴らしい！

❖――見栄えを整える

これから先は何をすればよいのでしょう？　目的を確かめ、スタッフと話し合い、情報を集め、予算のたたき台を作って、そこから無駄を省きました。では次の仕事は？

今までにないほど見栄えのよい予算へと変身させるのです。そうです、お色直しをするわけです。印象をよくすることですぐに承認をもらい、あなた自身の株も上げようという狙いですね。

国の予算案が議会に提出される際にも、ただ印象的な数字を並べた紙が届けられるだけではありません。何と、担当大臣が演説までするのです。

落ち着いてください。普通の予算については演説など求められません。あなたがすべきなのは、紙の上で予算を説明することなのです。
具体的に手順を紹介しましょう。

●A4用紙を使う。

●最初のページは表紙。「予算」と記して部門名、対象年度を書き添える（もちろんあなたの名前も）。

●二ページ：目次。本文の内容を予想しやすい、分かりやすい一覧にする。

●三ページ：予算内容を示す。A4一枚に収まる分量で十分だが、もし収まりそうもないなら、印刷の向きを工夫する必要があるかもしれない。この時点ではすでに、数字はきれいに印字されていて、いかにもそれらしく見えるだろう。注釈は次のページにまとめて、＊印や脚注番号で参照できるようにする。

●四ページ：注釈をまとめる。必要に応じて詳しい説明を加えるわけだが、注釈は最小限にとどめ、一ページ以内に収めるべきだろう。

●五ページ：補足を載せる。前章で例に用いた予算には、業務管理費が月別に記載されてい

紙の上だけで予算を説明するつもりで、予算書を作成しよう。

業務管理費		5400	
文具類	2200		
コンピュータ消耗品	1200		
通信費	2000		
合計	5400		

た。上司がその業務管理費の内訳を知りたがっている場合は、年間合計額五四〇〇ポンドの細目を示すとよい。

このように、五ページ目は内訳のようなもので、数ページにわたる場合もあるでしょう。人件費、飲食費、光熱費、保守・修繕費などの内訳を示す必要があるかもしれません。

各ページには、5a、5b、5cなどのように番号を振りましょう。五ページ目以降の注釈は、別のページにではなく、すべて該当のページの最後に脚注として載せた方がよいでしょう。

以上のすべてをクリアフォルダーに挟めば、見栄えのよい書類の完成です。きっと予算を獲得できるでしょう。

明日午前の締め切りを控えて、準備はほぼ終わりました。予算を立て、体裁も整えました。何よりです。

まだ少しでも時間が残っていたら、計画と実績の差額とその対処方法についての以下の説明を読んでください。

賢く解決！

見栄えを大切にしよう

見栄えを工夫した予算は洗練された印象を生み、作り手への信頼にもつながる。見た目に好印象を持った人々は、金額、計算、そして何より予算要求そのものにも信頼を置くものだ。

見栄えのよさは、予算獲得の武器になる。

見栄えを工夫した予算は、洗練された印象と信頼を生む。

❖——差額とその対処法

差額はどうしても生じるものです。恥じることはありません。対処すればいいのです。差額とは、予想と現実の開きを指します。たとえば、保守・修繕費に月二〇〇ポンドを割り当てたとしましょう。ところが四月に突然、とても深刻なトラブルが起きて、一〇〇〇ポンド近くをかけてエレベーター技術者を呼ばざるを得なくなるかもしれません。この場合、予算は94頁の表のようになるでしょう。

四月の予算は四〇〇%もオーバーしてしまうかもしれませんが、小計を見れば、予算全体では九四%上回っているだけです。ですから、残りの月に保守・修繕費を切り詰めれば、差額を縮められるでしょう。

▼あなたは現状を把握している。

▼その理由も知っている。

●二度と同じことが起きないように、対策を講じてある。
●すでにエレベーター会社と保守契約の相談を進めている。

上司から質問されても、あなたは仕事をうまくこなしていて、もしもの場合への備えもしてある、と示せますね。立派です。

同じように、実績が予算を下回っている場合にも、メモを取っておきましょう（もうお分かりのように、これも予算を上回るのと同じくらいまずいですね）。部門の現状を把握していることを示すのです。

作業はひとまず以上。今日はこれで終わりにしましょう。家に戻って、その手で勝ち取った休息を心ゆくまで楽しんでください。ゆったりくつろいで、自分が立派に仕事をこなし、残っていた作業をすべて見事に片づけたのだと噛みしめながら、翌朝を心待ちにするのもいいでしょう。

予算会議に出る前に、実はもう少し知っておくべき中身があるのですが、今はやめておきます。今晩時間があったら、次の章を読んでみてください。

差額とは、予想と現実の開きです。対処すればいいだけです。

保守・修繕費	計画	実績	差異（%）	注記
1月	200	197	−1.5%	特記事項なし
2月	200	210	5%	コーヒーメーカーを修理
3月	200	145	−27.5%	故障がゼロで、支出を抑えられた
4月	200	1000	400%	エレベーターが故障したため、エンジニアの出張を3回ほど依頼
小計	800	1552	94%	保守契約を検討中
5月	200			
6月	200			
7月	200			
8月	200			
9月	200			
10月	200			
11月	200			
12月	200			

賢く解決！

計画と実績のズレを把握しよう

デキるマネジャーは、支出が極端に増減したら必ず報告するように部下に命じる。そうすれば、年度末になって「こんなはずではなかった」などと驚かずにすむ。実績が計画と大きくズレても、それを把握したり、あらかじめ予想できているのだ。

一歩先を行きたいあなたへ

前回の予算について、実績を反映させてあるか、すべての欄が埋まり、正しい合計額が記されているか、確かめよう。

各支出項目が予算全体に占める比率と、その持つ意味を押さえておこう。

十分に時間をかけて洗練された予算を作成し、クリアフォルダーにきちんと挟もう。コーヒーのしみなど付けてはいけない。時間に余裕がなかったり、体裁を整えるのが苦手だったりする場合は、誰かに代わりにやってもらおう。

計画とのズレは絶えず修正すること。えてして忘れがちだが、デキるマネジャーはズレに注目して、周囲から一歩抜き出た存在になる。

大きなズレが生じているなら、手に負えなくなる前に手を打とう。

計画と実績のズレを常に把握し、絶えず修正すること。

6 次回の予算に向けて

for next time

❖——予算が狂うのはなぜ?

以上で予算を立て、実用的で垢抜けた資料に仕上げることができました。あなたも出来栄えに納得しているでしょうし、上司もさぞかし満足でしょう。

さて次は、予算のエキスパートを目指さなくてはなりません。明日の朝、予算を提出したら、その後はほぼ確実に何かの会議に出席して、予算内容について質問を受けることになるでしょうから。

この章を読むだけで、ほかに何も準備はいりません（読みながらメモを取ってもよいでしょう）。ゆったりと椅子に腰掛けて、集中してください。そして時間をかけて、少しずつ読み進めます。もし理解できない箇所があったら、分かるまでゆっくりと繰り返し読むとよいでしょう。

難しい内容、複雑な内容は何もありません。そして、怖がるようなことも。ただ慣れていない、あるいは初めて接する、というだけではないでしょうか。本来はとてもやさしい中身です。

完璧に仕上げた予算をガラリと変えなくてはならなくなることもある。

どれほど懸命に取り組んでも、どれほど仕事を知り尽くしていても、誰でもツキに見放されることはあるもの。

予算を完璧に仕上げたと思った途端、とんでもないことが起きたり、本社からメモが届いたりして、予算をガラリと変えなくてはならなくなる。これは誰にでも起きることで、避けようがありません。現実を受け入れ、何とか仕事を完成させるしかないのです。

もっとも、悲惨な事態を避けるための方策はいくつかあります。もう一度、予算についてじっくり考えてみましょう（必ずしも予算案を手元に持ってくる必要はありません）。

最大の費用は何でしょう?

きっと人件費ですね。たいていは、そうと決まっています。人を雇うには多額のコストがかかります。しかも人件費は変動するでしょう。人件費は大幅に増減しますが、あなた自身はそれをコントロールできません。増減の理由はいくつもあります。

- **昇進によって給料が上がった人がいる。**
- **物価水準の上昇を反映して、賃金が全体的にアップする。**
- **永年の勤続により、昇給した人がいる。**
- **優れた業績を上げて、特別ボーナスを受けた人がいる。**

仕事を熟知した人がこのリストを眺めれば、このうちのいくつかは前もって予測して、予算に組み入れられたはずだ、と気づくでしょう。昇進、勤続に伴う昇給、特別ボーナスはどれも、あらかじめ予想がつきますね。物価上昇に伴う賃金アップも、毎年のように生じる可能性があるのですから、その分、予算に余裕を持たせておくべきではないでしょうか。

人件費については、ぜひとも詳しく知っておいてください。そのためのヒントを示しておきましょう。

●たいていの組織は、人数枠いっぱいまで人を雇っているわけではない。人件費の上昇を予算に見込んでいなかった場合は、この人数枠と実際の人員数の差をうまく活かそう。

●社会保険など目に見えにくい人件費をすべて割り出すには、途方もない時間がかかる。それよりも、給与総額だけを押さえて、それに一定比率をかけた方がよい。方法さえ知っていれば簡単だろう。これからその方法を説明する。

人件費の総額から賃金、残業代を差し引く。その結果を人件費総額で割って、一〇〇をかけると、間接人件費の比率が得られる。これで経理部を煩わせずに済む。経理部と同じ比率を導き出せたのだから。

●知らないうちにスタッフの数が増えている、というのはよくあることだが、それを認めてはいけない。人員を増やす権限を持つ人は、新人を採用するつどその正当な理由を示すべきだ。人員数に厳重に目を光らせよう。監視を怠れば、予算の骨組みが崩れてしまう。

●派遣スタッフ、パート社員、臨時アルバイトなどにも注意しなくてはいけない。これらを

予算が狂う最大のポイントは、人件費だ。あらかじめ余裕を持たせよう。

見落とせば、せっかくの予算が紙クズになる。コンサルタントについても同じことがいえる。外部のコンサルタントと契約すれば、コンサルタント料を払わなくてはならない。それも予算から出て行くはずだ。

❖——人員計画を立てる

人員計画も必要ですね。たとえ上司が「いらない」と考えたとしても、予算を作成する際には、人件費の内訳をつけなくてはいけないでしょう。内訳には何度も言及することになるはずです。

どのようなポストに何人必要か、人件費が全体としていくらかかるかが正確に分からなければ、予算の管理などできないでしょう。

一〇二ページに見本がありますから、人員計画がどのようなものか、イメージをつかんでいただけると思います。

難しくはありませんよね？　人件費の予算については以上です。これを毎月、四半期、あるいは半年に分けてもよいでしょう。方策を尽くして、賢いマネジャーになりましょう。

人件費の全体が正確に分からなければ、予算の管理などできないだろう。

すぐに解決！

人件費の割合を押さえておこう

支出全体に占める人件費の割合は、いつも把握しておきたいものだ。支出全体の大きな部分を占めるのだから。

このような大きな予算項目の中身は、頭に入れておくに越したことはない。

賢く解決！

周囲の助けを得よう

情報を集める。予算に大きな不一致がないか、あるいは予算の前提に変化がないか、確かめる……。こうした作業は誰かに任せてはどうだろう。

「人員計画を守れたら、年度末には全員を豪華ディナーに招待しよう」などと、予算に関してさまざまなご褒美を用意すると効果的だろう。

氏名	肩書き	給与	健康保険	年金	福利厚生	人件費全体	注記
F・バローズ	部門長	60000	4638	9000	10000	83638	
T・ベア	副部門長	40000	4380	6000	8000	58380	
W・G・ケルドフェルト	課長	30000	3120	4500	4000	41620	6、7月ごろに退職予定
C・ミルトン	課長補佐	24000	2496	なし	なし	26496	7月に昇進か？
J・ウィリス	事務員	20000	2080	なし	なし	22080	永年勤続によって、11月に昇給予定
R・ジェイ	新入社員（試用期間）	14000	924	なし	なし	14924	2月に正社員となり、昇給見込み。新人を追加の必要。
合計		**188000**	17638	19500	22000	**247138**	人件費の比率は31・45％

すぐに解決！

慣れたやり方で仕事をする

私たちはみな、製品のバージョンにこだわる。だが、新しいバージョンにこだわることは本当に意味があるのだろうか？

あなたも、表計算ソフトなどのソフトウェアは頻繁にアップグレードした方がよい、と周りから言われているかもしれない。だが困ったことに、アップグレードすると、時間をかけて使い方を覚えなくてはいけないのだ。しかも、新しくて大掛かりなソフトウェアほど、操作が難しく、トラブルも起こりがち。

それよりも、慣れ親しんだツールを使った方がよくはないだろうか。

時には、コンピュータを離れて、予算の骨子を鉛筆と紙で仕上げた方が、簡単で早いかもしれない。

❖——他の費用の予算

ほかにもいくつか、普通のマネジャーから冴えに冴えたマネジャー、つまり「予算のスーパーマネジャー」へ脱皮するためのヒントを示しましょう。

●一カ月の長さは月によってまちまちだと覚えておこう。

●定期的な支出を見落とさないようにする。免許税など、一年に一度支出する項目については、何月にいくら支払うのかを確かめて、予算に盛り込んでおこう。あるいは一二等分して、毎月計上してもよいだろう。

●季節変動の大きな支出項目に注意しよう。例としては光熱費が挙げられる。使用量だけでなく、単価も季節によって異なるので、これも見落とさないように（例：灯油は夏場の方が安い傾向がある）。

●旅費などについては、明確な方針を立てておこう。そうすれば部門のみなも、いくらまでなら使ってよいのか、心積もりをしておける。飛行機のファースト・クラスを禁止したり、宿泊料の上限を定めたりするのだ。最初から例外を許したりしてはいけない。そんなことをすれば、年度末までに予算はガタガタになるだろう。

●多くの費用はスタッフ数に比例して増える。人数が増えれば電話代、文具代、旅費などが

すべて押し上げられる。コストを抑えるのに役立つようなら、人数に上限を設けるとよい。

▼自部門の実績を調べて、いつ、何の理由で、どのようにして支出が行われるかを把握しておこう。

以上でヒントは終わりです。

さて、予算関係の会議では、どのような専門用語が出てくるでしょうか。以下、それを見ていきましょう。

ほかの人が使った専門用語を自分が知らなかったからといって、小さくなる必要はありません。

賢く解決！

予算のおおよその構成を知っておこう

できるマネジャーは、予算のおおよその構成を知っているものだ。「人件費は五七%、光熱費一四%、維持費二・三%、管理費二三%」という具合に。

これらの数字をいつも押さえていれば、何が増え、何が減っているか、どのような変化がなぜ起

旅費などについては、明確な方針を立てておこう。

きているか、分かってくるだろう。

簡単な式を覚えて、電卓さえ用意すればそれでよい。切れ者に見えるだろう。

その簡単な式とは（パーセンテージを知りたい項目の金額÷予算総額×一〇〇）である。

予算総額が八二万二〇〇、人件費が三三万二〇〇〇だとすると、人件費の比率は四〇・四八％（三三万二〇〇〇÷八二万二〇〇×一〇〇＝四〇・四八）。簡単だろう。

もうひとつ例を挙げよう。予算総額が八二万二〇〇、軽食費が一二万二五〇〇だと、軽食費の比率は一四・九四％になる（一二万二五〇〇÷八二万二〇〇×一〇〇＝一四・九四）。


すぐに解決！

目標は現実的に

予算を超える支出があったら、それを把握して、必要な行動を取らなくてはならない。だが、どれくらい予算を超えたら、大問題だと判断して腰を上げるべきなのだろう。

一定比率までの超過なら、心配しなくてよい、とあらかじめ決めておこう。

たとえば、雑費の予算が月二四〇ポンドなのに、総務部長が二四五ポンド支出したとしたら、どうだろうか？

予算超過の知らせを受けて、何らかの行動を取るべきかどうかを考えれば、それだけで超過額の五ポンドを超えるコストがかかるだろう。

プラス五％あるいは一〇％を許容範囲と決めて、それを守るように心がけるとよい。それ以上の

部門の過去の実績をもとに、いつ、何を、なぜ、どのように支出をするかを知っておく。

6 ▶ 次回の予算に向けて

超過があった場合にのみ、対策に乗り出すのだ。

一歩先を行きたいあなたへ

実際に予算作成に取りかかるかなり以前から、必要な資料一式をそろえておこう。かりに上司が資料の提供に二の足を踏んでいるようなら、理由を聞き、どうしても手に入れたい旨を伝えるのだ。必要な材料がなければ、予算を適切に作ることなどできないのだから。

その時々の状況変化に応じて予算を手直ししよう。年度末に「こんなはずではなかった」などと思わずに済むように。

チェック、チェック、チェック！　細かいところまでチェックして、予算をくまなく把握しておこう。

予算はマネジャーにとって最も重要なツールだ。正しく効果的に使いさえすれば、普通のマネジャーからスーパーマネジャーへと進化して、尊敬のまなざしを集められるだろう。

この本の内容を頭に入れて、普通の電卓をかたわらに準備しさえすれば、それで十分。簡単な数式については暗記するまで復習して、各項目が予算全体に占める比率をそらんじることが出来るようになろう。

きっとできる！

7 特別な予算を作成する

special budgets

❖——臨時予算を組む

ここまでで、部門の年間予算を詳しく検討して完成させ、提出し、素晴らしい仕事ぶりと見事なプレゼンテーションを褒められたことでしょう。

まだ仕事が残っているとすれば、何でしょう？

時には、一回かぎりの臨時予算を組まなくてはならないこともあります。これは年間予算の一部かもしれませんし、そうではない場合もあるでしょう。

たとえば、役員から呼ばれて、三日間の新製品発売エキシビションを開催するように命じられたとします。最初に何を尋ねるべきかは、もう分かっていますよね？　そうです。「予算はどうなっているのでしょうか？」ですね。

「一万ポンドまでは使ってよいが、それを超過しては絶対にいけない」との答えが返ってくれば、予算額がはっきりしたことになります。

もちろん、臨時予算が必要になるのはエキシビションだけではありません。他にも、以下のような事例が考えられるでしょう。

- **コンファレンス**
- **VIPの来訪**
- **販売促進**
- **新製品の発売**
- **PRイベント**
- **産業見本市**
- **祝賀会**
- **退職者の送別会**
- **授賞式**
- **クリスマス・パーティ**

特命を受けた場合、最初に尋ねるのは「予算はどうなっているか」です。

▼懇親ハイキング　など

予算に話を戻しましょう。見本市の当日になって、「一万ポンドあれば大丈夫だろう」などと思いながら会場に乗り込んでも意味がありません。

初日に予算を使い果たしてしまったら、どうするのでしょう？　会場を引き払って、役員に「三日間ではなく一日で切り上げました」と報告しますか？　それではまずいでしょう。現場が大混乱に陥ります。

ではどうしましょう？　もちろん、臨時予算を作るのです。そのためにはまず、見本市の計画を立てなくてはなりませんが、それはこの本のテーマを外れますので（姉妹編の『すぐに解決！　プロジェクト』を参照）、計画を作ってから続きを読んでください。

もう終わった？　それは何よりです。

それなら、何人のスタッフが必要か、展示スタンドはいくらか、ホテルや移動の手配、販売ツール、軽食などに担当者を割り当てるべきかどうか、などは分かっているはずですね。

臨時予算は、通常予算と必ず重なる部分がある。

◆──臨時予算の特徴

臨時予算には面白い特徴があります。通常の予算と臨時予算には、必ず重なる部分があるのです。人件費などが好例でしょう。

見本市に連れて行くスタッフの人件費、そして言うまでもなく、あなた自身の人件費もすでに予算化されているはずです。もっとも、見本市のために残業した場合はどうでしょう？　その残業代は、臨時予算で手当てすべきでしょうか、それとも通常の部門予算から出すべきでしょうか？

判断するのはあなたです。一般には、給与は通常の予算から、見本市に伴う残業代は臨時予算から出すでしょう。けれど、一筋縄ではいかない問題があります。大失敗を避けたいのなら、すばやく知恵を巡らさなくては。というのも、見本市の準備に駆り出された人々は、その間は通常業務をこなせないのです。

ですから、予算を立てるだけでなく、人を確保しなくてはなりません。見本市の開催期間は、あなたの分も含めて、通常業務をどう穴埋めしましょう？　ピンチヒッターを依頼すべきでしょうか？　派遣スタッフは？　部門内の人材だけでカバーできるでしょうか？それとも他の部門に応援を頼みますか？　見本市が終わるまで放っておくのでしょうか？予算をまとめたいのなら、すぐに意思決定をしなくてはいけません（意思決定のノウハウについては『すぐに解決！　意思決定』を参照）。

人材の割り当てさえ決まれば、あとはスタンド代金の支払い、見本市主催者、ホテル、旅行代理店、ケータリング会社などとの打ち合わせといった、張り合いのある仕事に取りかかれます。

これで、臨時予算を立てる用意はできたはずです。支出項目を並べ挙げ、合計額を算出します。見落としがなく、上司から与えられた一万ポンドに収まっていればよいのですが。

出来上がったのは一一五ページのような表ではないでしょうか。

困りましたね。合計額がおよそ一万六〇〇〇ポンドと、一万ポンドを超えてしまっています。

このようなことが起きるからこそ、臨時予算を立てておく意義があるのです。この練習をしなければ、本番で予算を使いすぎていたでしょう。

つまり、予算の一次案を作ったら、それを見直して欠陥を取り除かなくてはいけないのです。さっそく見直し作業に入りましょう。何が削れるでしょうか?


すぐに解決!

予算案の下書きを楽にするには

予算を立てる練習をする際には、ワープロソフトで表の枠組みを作って、それを何枚も印刷しておくとよい。

こうすると、短時間におおよその数字を埋めて、下書きを完成させることができる。見直し、書き直しをするたびに、以前のバージョンは捨てていけばよい。下書き用の表はまだまだ何枚もあり、尽きる心配はない。

少ない時間と労力で、楽に予算を立てる練習をしよう。

❖――具体的な見直しを行う

最初に、金額の大きな残業代、宿泊費、見本市の参加費に目を向けましょう。どれが削

臨時予算を立てておかないと、本番で使いすぎに陥るだろう。

減可能でしょうか？

残業代と宿泊費は関連性が高いので、この二つをまず検討することにします。

残業代は当然支払わなくてはなりません。夕方以降も長時間働いてもらうのですから。ですが、高い宿泊費を払ってホテルに泊めるのをやめて、自宅に帰してはどうでしょう？宿泊すれば、ついついバーに行ったりして、本人たちも支出が増えて困るかもしれません。見本市のあいだも毎日、自宅から会場へ通ってもらうわけにはいかないか、検討してみるべきです。会場まではどれくらい離れているでしょう？ 列車の本数は多いでしょうか？ 自動車で通ったのでは、時間がかかりすぎるでしょうか？

ホテルも、もう少し安いところはないでしょうか？ 保養施設などがそばにある可能性は？

あるいは、残業代を支払う代わりに、別の時期に代休を与えるという手もあるかもしれません。これについては、当人たちに聞いてみるほかないですね（今回は練習ですから、実際に聞くには及びませんが）。見本市の期間は日当を出して、マイカーで毎日自宅に戻る、会場のそばに宿泊するなど、本人の自由にしてもらう、という方法もあるでしょう。

最初に金額の大きい項目に目を向け、削減できるか考える。

残業代	3000
展示スタンドのレンタル費（三日分）	600
販売ツールやパンフレット類	500
宿泊費	4500
食費	800
旅費	240
見本市参加費	6500
合計	16140

会場のそばに友人が住んでいて、タダでそこに泊めてもらう、という人もいるかもしれません（ただしその場合でも、日当の返還を求めたりしてはいけません）。

かりに、ひとりあたり四〇〇ポンドの日当を出すとしましょう。必要なスタッフ数は、あなた自身を別にして三人。三人に三日分の日当を支払うと、合計三六〇〇ポンドですね。これでは多すぎます。日当を二〇〇ポンドにすると、合計一八〇〇ポンド。残業代を三〇〇〇ポンド支払うという案と比べて、一二〇〇ポンドほど削減できました。

見本市のあいだは、通常よりも朝が早い

だけでなく、夕方以降も作業をしなくてはならないでしょう。けれど、手厚い日当を用意すれば、残業代を支払わなくても済むのです。きちんと説明すれば、スタッフのみなもきっと喜ぶでしょう。

日当のメリットをうまく説明して、みなの納得を得たとしましょう。これで残業代はゼロになり、宿泊費に代えて日当を一八〇〇ポンド支払えばよいことになりました。バンザイ！

賢く解決！

仕事の幅を広げよう

物事を取りまとめるのが得意だというあなたに、打ってつけの仕事がある。臨時予算だ。予算をうまく組み、支出を管理するための方法を知っていれば、仕事はずっと楽に、スピーディにこなせる。特命プロジェクトに抜擢される可能性も高まるのではないだろうか。そうすれば、よりいっそうの輝きを手にすることができる。

すぐに解決！

上司とも交渉しよう

仕入先などと交渉するのと同じように、上司とも交渉してはどうだろう。
「コンファレンスの開催を取り仕切ってほしい。予算枠は五〇〇〇ポンドだ」と言われたとしよう。もし、五〇〇〇ポンドでは収まらないだろう、と思ったなら、はっきりとそう述べるべきだ。
臨時予算についてはすべて記録を残しておいて、なぜ五〇〇〇ポンドでは足りないと思うのか、根拠を示せるようにするとよい。すかさず根拠を示せば、交渉の主導権を握ることができるだろう。相手の不意をついて、考える時間を与えないようにすれば、予算の増額を勝ち取れる公算は大きい。

❖——費用の値引きを交渉する

さて、見本市への参加費はどうしましょう。やや高すぎるような気がします。値引きしてもらえないか、主催者と交渉してみましょう。

交渉は、言うほど簡単ではありません。ですが、これは取引。端から交渉を拒否する人はいないはずです。

値引き交渉をするときは、「予算を超えてしまうから」を理由に挙げるのが賢明だ。

主催者に電話をかけて、見積内容について問いただしてください。質問をしたり、修正を求めたりすると、相手は少しの値下げにはまず確実に応じるでしょう。

「見積額が高すぎて予算を超えてしまうので、下げてもらえないでしょうか」と相手に伝えるとします（自分の意志というよりも、予算を超えるからという言い方をするのが、賢い交渉法ですね）。

次の戦術としては、「会場の後片づけも、販売ツールの運び込みや配置も自分たちでやる」と提案してはどうでしょう。主催者側のスタッフは、展示スタンドの設営、見栄えのよいディスプレイ、照明その他の器具の据え付けなどに見事な手腕を持っているでしょうが、今回はそうしたサービスは遠慮する、と伝えるわけです。

すると相手はしばらくして、値引きに応じてくるでしょう。先方が五七〇〇ポンドを提示してきたら、「五五〇〇ポンドで決着しませんか？」と水を向けましょう。おそらく、五五〇〇ポンドで合意できると思いますよ。

以上で、見本市への参加費を一〇〇〇ポンドほど切り詰めたことになります。見事ですね！

値引き交渉では「すべて自分たちでやる」と伝えるのも戦術のひとつだ。

残業代	なし
展示スタンドのレンタル費（三日分）	600
販売ツールやパンフレット類	500
宿泊費	なし
日当	1800
食費	800
旅費	240
見本市参加費	5500
合計	9440

今の時点での予算は、上のようになっているはずです。

ずいぶん前進しましたね。予算枠の一万ポンドに収まりました。これで一安心……と言いたいところですが、まだあなた自身の費用を盛り込んでいません。

どうしましょう？　ほかのスタッフと同様、あなたも二〇〇ポンドの日当を受け取るのが自然ではないでしょうか。三日間で六〇〇ポンドですね。

表の合計額に六〇〇ポンドを足すと、四〇ポンドほど足が出て、何か緊急事態が起きても、そのための余裕資金はゼロ、ということになります。

❖——少額の項目に目を転じる

今度は、少額の支出項目を見ていきましょう。

展示スタンドのレンタル費は、値切るのは難しいでしょうから、あきらめるとします。販売ツールやパンフレット類も、値段を動かしにくいでしょう。残る項目は旅費と食費。ですが、ガソリンスタンドや石油会社とガソリン代について交渉するのは、現実的とはいえません。

残ったのは食費ですね。三日間で八〇〇ポンド、一人あたり二〇〇ポンドというのは、多すぎるでしょう。キャビアを肴にしてシャンパンを飲もうというのでしょうか？　違いますよね。これは仕事なのですから。

食費を四〇〇ポンドに減らしても、誰もひもじい思いはしないはず。

上出来です。これでさらに少し支出を削って、予算の最終案が出来上がりました。上司はきっと首を長くして、あなたがこれを届けにくるのを待っているでしょう。

臨時予算の最後の見直しは、少額の項目の調整だ。

展示スタンドのレンタル費（三日分）	600
販売ツールやパンフレット類	500
日当（あなた自身の分も含めて）	2400
食費	400
旅費	240
見本市参加費	5500
合計	9640

一万ポンドにすべてを収め、イザというときのための余裕も残せました。自分で自分をねぎらってから、予算の見栄えを整えましょう。

今回と同じコツを使えば、臨時予算はいつでも仕上げられます。これで、優れた仕事ぶりを発揮して、申し分のない予算を短時間で作成できますね。

賢く解決！

臨時予算に備える

デキるマネジャーは先を読む。半年後に要人が来訪すると聞けば、化粧室の模様替えに始まって、さまざまな仕事が降ってくると予想するだろう。

いつも少し先を読んで、あらかじめ見積もり、パンフレット、関連情報などを集めておこう。そうすれば、大まかな支出額を言い当てられる。周囲の人は、「突然なのに、どうして分かるのだろう」と驚き、それとともにあなたの株はうなぎ上りだろう。

一歩先を行きたいあなたへ

臨時予算はいつ必要になるか分からない。常に心の準備をしておこう。

もしプロジェクトを取りまとめるように指名されたら、忘れずに予算枠を確かめることだ。さらに、通常とは違った支出項目、通常よりも多額の支出については必ず記録を残しておき、今後の参考にするとよい。とりわけ人件費はとても複雑なので、毎回一から考えていたのでは大変だろう。

イベントの企画・実行については誰かに任せてもよいが、予算だけは必ず自分で管理しよう。予算は何より大事な仕事のツールなので、いつも十分に把握しておくことだ。

budget in an evening

一晩で予算を作成する方法

この本では、あなたは大きなプレッシャーにさらされている、との想定で話を進めてきました。予算を作成しなくてはならないけれど、せいぜい二、三日しか余裕がない、との前提を置いたのです。

ですが、実はもっと大きなプレッシャーにさらされているとしたら？　たとえば、今日中に予算を完成させなくてはならず、しかも五時以降にしか時間が取れないとしたら？

大丈夫、何とかなります。

まず、昨年の予算を探してコピーを取ってください。次に中身に目をとおして、実績値と比べるのです。

それができたら今度は、現状のスタッフ数を確かめて、ほかにスタッフが必要かどうか

臨時予算では、忘れずに予算枠を確かめよう。

をじっくり考えましょう。九九ページの算出法を使って、間接人件費の比率を計算したら、給与額にその比率をかけてください。基本となる給与額は知っているはずです。昨年の実績を見れば、実際にいくら支払ったかが分かりますね。それらを参考にして、社会保障費、福利厚生、ボーナスなどを含む人件費総額を算出しましょう。

人件費は大きな支出項目で、予算全体の半分を占める場合も少なくありません。ですから人件費をはじき出せば、仕事の半分は済んだようなものです。

一二カ月への割り振りについては、まだ悩まなくてよいでしょう。今は年間の総額だけを考えてください。

人件費のほかには、何が大きな支出項目でしょうか？　その金額は新年度は増えるでしょうか、減るでしょうか？　その理由は？　ほかに二つほど大きな支出項目を選んで、予算額を決めましょう。これで全体の八割は固まったはずです。残りの項目の金額をはじき出して、あとは調整の余地を残しておきましょう。

さて、各項目の金額を一二で割って、月額を出してください。単純に一二等分したのでは正確ではありませんが、今はこの金額を書き込んでおきましょう。季節変動などは考えに入れていませんが、それはもっと時間のあるときに回すのです。

以上でおおよそのことは説明しました。今できるのはこれぐらいです。

あとは時間を稼ぎましょう。早めに上司のもとに行って、さまざまな質問を投げかけるのです。多くの質問をすればするほど、こちらが問い詰められる心配は少ないはず。「目には目を」というところでしょうか。

相手は、「一晩で予算を立てるように」と言ってあなたを追い詰めたのです。ですからこちらも、いろいろな情報を求めましょう。十分な情報を与えられていないのですから。

すべての人が仕事を適切にこなしているとはかぎりません。けれど、あなたはしっかり仕事をしてください。

budget in an hour

一時間で予算を作成する方法

「一晩もかけるゆとりはない」？　ならば、「一時間で予算を作成する方法」ではどうでしょう。

一時間しか余裕がない、という場合もありえます。あなたがそのような立場に追い込まれたら、どうしますか？

「火事で予算書が燃えてしまった」などという言い訳はできません。

残り一時間。急ぎ足で説明しましょう。

1　前年度の予算を手に入れる。

2　不要な項目、追加すべき項目がないか、考える。

3　部門の人数が大きく増減していないか、手早く確認する。

4　前年度の各項目をそれぞれ一五%増しにする。

5　一五%増しにした金額を表に書き込んでいく。

6　いくつかの項目に注意書きを加える。これで予算らしくなる。

一時間でできるとすれば、これが精一杯でしょう。

ここで暫定案を作成しておけば、当座を乗り切れるのではないでしょうか。そして時間ができたら、中身を練るのです。その時間が手に入るよう、祈ろうではありませんか。

一時間しかないなら、暫定案を作成して、当座を乗り切ろう。

[著者]

リチャード・テンプラー（Richard Templar）

旅行代理店、スーパーマーケット・チェーン、レストラン、カジノ、大学自治会など実に幅広い分野で30年を超えるマネジャー経験を持ち、現在ではフリーランスのビジネス・ライター兼コンサルタントとして活躍。

[訳者]

有賀裕子（あるが・ゆうこ）

通信会社に勤務した後、翻訳に携わる。訳書は『新訳　GMとともに』『なぜ、賢い人が集まると愚かな組織ができるのか』（共訳。以上、小社刊）、『コトラー新・マーケティング原論』（翔泳社）、『経営者の7つの大罪』（角川書店）などがある。

すぐに解決！　予算作成

2004年 5月20日　第1刷発行

著　者——リチャード・テンプラー
訳　者——有賀裕子
発行所——ダイヤモンド社
〒150-8409　東京都渋谷区神宮前6-12-17
http://www.diamond.co.jp/
電話／03・5778・7236（編集）　03・5778・7240（販売）
装丁————川島進（スタジオ ギブ）
本文レイアウト—タイプフェイス
製作進行——ダイヤモンド・グラフィック社
印刷・製本—ベクトル印刷
編集担当——花岡則夫

ISBN 4-478-76090-X